Copyright © 2014
ARIEVALDO VIANNA E JÔ OLIVEIRA

EDITORAS
Cristina Fernandes Warth
Mariana Warth

COORDENAÇÃO EDITORIAL
Livia Cabrini

COORDENAÇÃO GRÁFICA E DIAGRAMAÇÃO
Aron Balmas

REVISÃO
Stélio Torquato
Suelen Lopes

Este livro segue as novas regras do Acordo Ortográfico da Língua Portuguesa.

Todos os direitos reservados à Pallas Editora e Distribuidora Ltda.
É vedada a reprodução por qualquer meio mecânico, eletrônico, xerográfico etc.,
sem a permissão por escrito da editora, de parte ou totalidade do material escrito.

Este livro foi impresso em maio de 2014, na Gráfica Edelbra, em Erechim.
O papel de capa é o cartão 250g/m² e o de miolo o offset 120g/m².

CIP-BRASIL. CATALOGAÇÃO-NA-FONTE
SINDICATO NACIONAL DOS EDITORES DE LIVROS, RJ

V667o

    Vianna, Arievaldo
        Otelo e Desdêmona: o mouro de Veneza em cordel / Arievaldo Vianna ;
ilustrações Jô Oliveira. - 1. ed. - Rio de Janeiro : Pallas, 2014.

    44 p. : il. ; 22 cm.

    ISBN 978-85-347-0519-6

    1. Literatura de cordel infantojuvenil brasileira. I. Oliveira, Jô. II. Título.

14-09427   CDD: 398.5
                                                  CDU: 398.51

Pallas Editora e Distribuidora Ltda.
Rua Frederico de Albuquerque, 56 – Higienópolis
CEP 21050-840 – Rio de Janeiro – RJ
Tel./fax: 21 2270-0186
www.pallaseditora.com.br
pallas@pallaseditora.com.br

ARIEVALDO VIANNA

OTELO & DESDÊMONA

O MOURO DE VENEZA EM CORDEL

ILUSTRAÇÕES DE
JÔ OLIVEIRA

Pallas

Rio de Janeiro
2014

BASEADO NA OBRA *Otelo, o mouro de Veneza* DE **Shakespeare**

Na obra de Shakespeare,
Dramaturgo e escritor,
Acham-se claros sinais
De um gênio criador.
No seu personagem OTELO,
Vê-se, de modo singelo,
O preconceito de cor.

Brabâncio foi senador
No Estado de Veneza.
Foi pai da gentil Desdêmona,
Um exemplo de beleza,
Musa de todos os cantos,
Dotada de mil encantos
Que lhe dera a natureza.

Loira de olhos azuis,
De porte altivo e delgado,
Tinha o corpo escultural
E o espírito refinado.
Por seus dotes e beleza,
Qualquer rapaz, com certeza,
Ficaria apaixonado.

Seu pai dera liberdade
Pra que ela procurasse,
Dentre os seus pretendentes,
O que mais lhe agradasse.
Por sabê-la inteligente,
Julgava que, certamente,
Faria um feliz enlace.

Mas Desdêmona não queria
Os jovens de seu país.
Por fim, escolheu um mouro
(Assim o destino quis!):
Otelo, negro educado,
Um general afamado
Para fazê-la feliz.

Apesar de sua origem,
Otelo era viajado.
Começara a sua vida
Apenas como soldado,
Mas, por ser bravo e leal,
Ascendeu a general,
O posto mais cobiçado.

Alguns nobres de Veneza
Invejavam o general;
Devido a sua bravura,
Temiam lhe fazer mal...
Contudo, era odiado
Por sua cor, seu estado,
E condição social.

Vez por outra, por Brabâncio,
Otelo era convidado
A frequentar sua casa,
Onde era bem tratado
Por sua honra e valor,
E a filha do senador
Lhe ouvia de bom grado.

Sua palavra fluente
Sempre chamava a atenção,
Despertando em Desdêmona
Profunda admiração,
Que, aos poucos, foi aumentando,
Até que foi se tornando
Vestígios de uma paixão.

Ela gostava de ouvi-lo
Quando ele estava a narrar
Mil aventuras, batalhas
Na terra e também no mar,
Suas viagens, perigos,
Diante dos inimigos
Que tivera de enfrentar.

Essas histórias deixavam
Desdêmona embevecida,
E, pouco a pouco, o amor,
No seu peito, fez guarida,
A ponto de revelar
Que pretendia lhe dar
Alma, coração e vida.

Mas Otelo a cortejava
Através de um amigo,
Um jovem de confiança
Que sempre andava consigo.
Cássio, o jovem citado,
Era bem apessoado,
E, ao projeto, deu abrigo.

Por sua cor e origem,
Otelo, desconfiado,
Não falava abertamente,
Temendo ser rejeitado.
Num mensageiro pensou;
Por esse modo, tornou
Cássio como aliado.

De modo bem natural,
O romance foi em frente.
Otelo propôs à jovem
Casarem secretamente.
Vendo que o preconceito
Não lhes dava outro jeito,
Ela aceitou prontamente.

Brabâncio, então, ficou irado,
Ao saber da novidade.
Externou, ante o Senado,
Sua contrariedade,
Dizendo, com energia:
— Otelo fez bruxaria
E agiu com falsidade!

Há, certamente, um feitiço
Na trama que ele urdiu.
E minha filha, inocente,
Numa cilada caiu.
Ele, com leviandade,
A minha hospitalidade
Honra e afeto traiu.

Para depor, foi Otelo,
Com urgência, convocado
A fim de explicar os fatos
Perante aquele Senado.
Mas, ameaças de guerra
Chegaram naquela terra,
Deixando o povo alarmado.

Otelo compareceu
Ante o grupo inquisidor
E falou abertamente
Do seu puro e casto amor.
Contou toda a sua história,
Sua bela trajetória
De General vencedor.

E disse mais: — Por Desdêmona,
Eu me acho aqui presente.
Garanto que nosso amor
É puro e tão inocente,
E que, em vez de bruxaria,
Foi o destino que, um dia,
Nos uniu tão fortemente.

O Senado, convencido
Do que Otelo dizia,
Inocentou o acusado
Do crime de bruxaria.
Ele, então, foi convocado
Pra defender seu Estado
Em guerra contra a Turquia.

Partir urgente pra Chipre,
A base de operações,
Seria um golpe fatal
Contra os dois corações.
Otelo pensou consigo
"Desdêmona irá comigo!"
E tomou resoluções...

Seguiram os recém-casados
Pra Chipre, com brevidade.
Logo que desembarcaram,
Souberam da novidade:
A frota que enfrentaria
Voltara para a Turquia
Após grande tempestade.

Ficava a Ilha de Chipre
Salva, temporariamente.
Porém, rondava o casal
Outro perigo iminente:
Iago, um vil invejoso,
Tramava um plano maldoso
Contra o casal inocente.

Iago tentava ser
De Otelo o protegido.
Porém, aos poucos, foi vendo
Seu nome ser preterido,
Pois Cássio, jovem soldado,
Pelo mouro afamado,
Vinha a ser o preferido.

Michael Cássio, o amigo,
Leal e inteligente,
Era um jovem florentino
Corajoso e eloquente.
Sendo de Otelo querido,
Foi por ele promovido
Como seu lugar-tenente.

A medida despertou
Uma inveja mortal
No coração de Iago,
Uma serpente do mal.
Embora sem demonstrar,
Iago pôs-se a tramar
Uma vingança fatal.

Sua mente diabólica
Trouxe uma ideia a lume:
— O amor é como a rosa;
Tem espinho e tem perfume.
Irei me vingar dos três,
Cravando, de uma só vez,
Os espinhos do ciúme.

Quem não pratica a vileza
Dela também não suspeita.
Otelo, coração nobre,
Alma correta e direita,
Não suspeitava de nada,
E, em relação à amada,
Tinha confiança estreita.

A mulher, por sua vez,
Era uma esposa fiel.
Via em Cássio um amigo
Que cumpria o seu papel.
Porém, Iago, ardiloso,
Traçava um plano maldoso
Para inverter o painel.

Numa noite em que Cássio
Tinha sido destacado
Para o comando da guarda,
Foi por Iago saudado
Numa fingida alegria.
Até vinho ele trazia,
Cumprindo um plano traçado.

Fingindo-se bom amigo,
O convidou pra brindar.
Cássio tentou, sem sucesso,
O convite recusar.
Mas Iago, bem sagaz,
Fez com que o nobre rapaz
Viesse a se embriagar.

Um soldado que tivera
De Iago as instruções,
Aproximou-se de Cássio
Proferindo palavrões.
Cássio logo reagiu,
E uma querela surgiu,
Cheia de provocações.

Começa, nesse momento,
Uma grande confusão.
Iago dali se afasta
E, concluindo a traição,
Tocou um sinal de alerta,
Com isso, Otelo desperta,
Vendo toda a situação.

Otelo se enfureceu,
Vendo Cássio embriagado.
Sendo um homem rigoroso,
Reprovou o seu estado
E informou, com energia,
Que Cássio logo seria
Do seu posto rebaixado.

Iago, com falsidade,
De Otelo se aproximou
E toda a situação
Para o chefe relatou.
Defender Cássio ele finge,
Mas, qual sórdida esfinge,
Ainda mais o complicou.

Cássio, no dia seguinte,
Refeito da bebedeira,
Aproximou-se de Iago,
Dizendo: — Eu fiz besteira
Acho-me sem esperança,
Pois traí a confiança
De Otelo. Que asneira!

Ouvindo aquele relato,
Iago, sempre fingido,
Disse para o tolo Cássio:
— Mas nem tudo está perdido!
A esposa do general
Pode livrá-lo do mal;
Basta fazer-lhe um pedido.

Procure a bela Desdêmona,
A quem tu és tão chegado.
Roga para que interceda
Nesse caso complicado.
E fala a sós com a dama.
Otelo, que muito a ama,
Ouvirá interessado.

Cássio julgou muito boa
A ideia do falso amigo
E foi procurar Desdêmona,
Sem atinar no perigo
Da trama que ele tecia,
Pois em Iago não via
A sordidez do inimigo.

Quando, enfim, se dirigiu
Para a secreta entrevista,
Iago chamou Otelo
E os botou sob a vista;
Mas Otelo, bem tranquilo,
Não viu indícios naquilo
Que parecesse conquista.

Com a chegada dos dois
Cássio foi se levantando
Iago nesse momento
A maldade disfarçando
Quase sussurrando, disse
Para que Otelo ouvisse:
— Disso não estou gostando!

Naquele momento, Otelo
De nada desconfiou.
Porém, passado algum tempo,
Do episódio se lembrou.
O ciúme fez estrago,
E o comentário de Iago
Na cabeça martelou.

Otelo saiu de casa
Com o semblante fechado.
Iago, a vil serpente,
Vendo Otelo transtornado,
Notou que o seu plano mordaz
Já roubara a sua paz,
Tornando-o contrariado.

A dúvida é uma chama
Que se queima lentamente;
Ora mais alta, ora branda,
Vai ardendo eternamente,
De modo que a criatura
Caminha para a loucura,
Sem dominar sua mente.

Otelo, acostumado
Às batalhas mais terríveis,
Via agora a sua mente
Com pesadelos horríveis.
Chorava contrariado,
Vivendo desconfiado,
Com rumores invisíveis.

No momento em que Desdêmona
O marido procurou
Para interceder por Cássio,
Com tanto empenho falou,
Que Otelo, silencioso,
Foi ficando pesaroso,
E o tal pedido estranhou.

Desdêmona, inocente,
De nada desconfiava.
Mas o sossego de Otelo
Mais e mais se afastava.
No auge da agonia,
Secretamente a seguia,
O ciúme o torturava.

Desdêmona o atormentava
Ao suplicar o perdão
Para o deslize de Cássio,
E sua reintegração.
Porém, Otelo adiava,
Pois a dúvida torturava
O seu pobre coração.

Desdêmona evocava
O seu afeto e amor,
Pois achava que Otelo
Se excedera em rigor
Contra Cássio, o protegido,
E, com isso, seu marido
Sentia profunda dor.

Iago, quando avistava
O general retraído,
Sutil se aproximava,
Falando ao seu ouvido:
— Quem traiu o próprio pai,
Noutra falta um dia cai
Contra seu próprio marido.

Otelo, aborrecido,
Afastava o intrigante.
Mas não teve mais sossego
Daquele dia em diante.
A paz que ainda restava
Do seu peito se afastava
De maneira angustiante.

"A minha mulher é linda",
Dizia Otelo consigo.
"Canta, toca e dança bem
E se diverte comigo.
Porém, a sua beleza
Pode causar, com certeza,
Interesse num amigo."

Um dia, desesperado,
A sua angústia era tanta,
Que agarrou o tal Iago,
Com força, pela garganta,
Pedindo provas ao malvado.
Iago, dissimulado,
Seu plano mais adianta.

Disse-lhe: — Sabes de um lenço
Que tem morangos bordados?
Perguntai a tua esposa
Onde estão esses brocados...
Disse Otelo: — Certamente,
Que esse rico presente
Está entre seus guardados...

Nisso, o traidor, atento,
Provoca mais um desgosto,
Dizendo-lhe: — Hoje mesmo,
Quando saí do meu posto,
Vi Cássio com um lencinho,
Enxugando, com carinho,
O suor do próprio rosto!

Tinha o lenço, para Otelo,
Grande significado,
Sendo o primeiro presente
Que ele tinha ofertado
A Desdêmona, com fervor.
Da própria mãe, com amor,
O lenço havia ganhado.

Otelo saiu calado
E foi ter com sua amada,
Querendo saber do lenço.
Mas ela, desavisada,
O mesmo havia emprestado;
Copiar o tal bordado
Eis a desculpa tramada.

Fora a mulher de Iago
Que o tal lenço pedira.
O crápula a convencera
A pregar essa mentira,
Com o intuito velado
De deixá-lo abandonado
Onde o bom Cássio dormira.

Desdêmona, embaraçada,
Não quis dizer a verdade.
Primeiro, porque Otelo,
Dissera, com gravidade,
Que o lenço era mágico,
Concluindo, muito trágico:
— Perdê-lo é calamidade!

— Foi a minha própria mãe
Quem o teceu, com desvelo,
Por isso, cara Desdêmona,
Seria horrível perdê-lo.
Se aquele lenço sumir,
Na certa vamos cair
Num profundo desmantelo.

Desdêmona, sem pressentir
Os perigos que corria,
Respondeu-lhe: — Meu marido,
Deixemos dessa porfia.
Por Cássio, fiz-lhe um pedido,
O qual não foi atendido.
Isso é desculpa vazia...

Otelo se enfureceu
Com essa declaração
E, pela primeira vez,
Perdeu o senso e a razão.
Com voz bastante alterada,
Acusou a sua amada
De lhe fazer traição.

— Bem sei que amas outro!
(O nome não revelava...).
Desdêmona ficou perplexa
E ao esposo retrucava:
— Sou inocente. Protesto!
Meu Deus, que dia funesto!
E o pobre Otelo chorava.

A tua infidelidade
Me causa grande tristeza.
Eu poderia suportar
A desgraça e a pobreza.
Porém, tua traição
Despedaça o coração...
Oh! Que terrível vileza!

— Não tenho prazer na mesa.
Na cama também não tenho.
Exercitando o combate
Há muitos dias não venho...
Dizendo isto, calou-se.
Logo, porém, afastou-se,
Mantendo franzido o cenho.

Depois que ele a deixou
Perplexa, sem reagir,
Lhe sobreveio um cansaço
Que não a deixava agir.
Com grande aperto no peito,
Mandou preparar seu leito,
Pois pretendia dormir.

Ela pensava que Otelo
Logo mais a seguiria.
Na intimidade do leito,
Ela tudo explicaria.
Mas dormiu profundamente,
E Otelo, inconsequente,
A viu nessa letargia.

Fitando seu lindo corpo
Sobre o leito, adormecido,
Otelo se aproximou
Com o semblante compungido.
Nessa hora cruciante,
Matá-la, naquele instante,
Ele estava decidido.

Porém, sentiu-se impelido
A beijá-la com ardor.
O beijo suave e doce
Não lhe abrandou o furor.
Tendo ela despertado,
Ele falou, bem zangado,
De modo acusador:

— Prepara-te para morrer.
Faz logo a tua oração.
Tu amas Cássio, e o lenço
É a prova da traição!
Ela tentou se explicar.
Ele não quis escutar,
Já privado da razão.

Com um travesseiro na mão,
Furioso, a sufocou.
Então, naquele momento,
O pobre Cássio chegou.
Vinha cansado e ferido,
Pois ele havia caído
No laço que Iago armou.

O dito Iago mandou
Outro soldado emboscá-lo.
Numa carta, dera a ordem
Para o soldado matá-lo.
Cássio enfrentou o perigo,
Vencendo o torpe inimigo,
Tendo vindo para acusá-lo.

Na carta, Iago dizia
Que era Otelo o mandante
Da morte, porque Cássio
Da sua esposa era amante.
Depois a carta assinou
Como Otelo, e a selou,
Num gesto mau e farsante.

Cássio, julgando que Otelo
Fosse o autor, com razão,
Embora fosse inocente,
Viera pedir perdão.
Não sendo agente do mal,
Procurou seu general,
Com a dita carta na mão.

Cássio trazia a tal carta
E outras provas que tinha
Contra o perverso Iago,
Que, de maneira mesquinha,
Agira daquele jeito,
Por inveja e preconceito,
Pois era uma alma daninha.

Um raio de entendimento
Abriu-se como um clarão.
Otelo compreendeu
Ser vítima de traição.
Por ter matado a amada,
Pegou sua própria espada,
Cravando-a no coração.

Findou-se, assim, a tragédia,
E, perante o tribunal,
Cássio provou que Iago
Era a serpente do mal.
Iago, autor da desgraça,
Foi enforcado na praça,
Pagando o crime, afinal.

Eis o desfecho sangrento
Desse drama singular.
Na cidade de Veneza,
Ainda se ouve falar
Que a inveja é uma adaga,
E o preconceito uma chaga
Que traz tristeza e pesar.

Nascido no Sertão Central do Ceará, **ARIEVALDO VIANNA** foi criado à luz de lamparina, bebendo água de pote e cresceu em contato permanente com a cultura popular nordestina. Descobriu muito cedo a vocação poética e o desenho. Publicou seus primeiros trabalhos em jornais de Fortaleza e em publicações alternativas como fanzines e revistas. É criador do projeto *Acorda Cordel na Sala de Aula*, que utiliza a poesia popular como ferramenta paradidática. Além de ser autor de mais de cem folhetos de cordel e ter cerca de vinte livros publicados, atua também como xilogravador, chargista e ilustrador.

JÔ OLIVEIRA nasceu na Ilha de Itamaracá, Pernambuco, em 1944. É jornalista e ilustrador. Estudou artes gráficas na Escola de Belas Artes no Rio de Janeiro e comunicação visual na Escola Superior de Artes Industriais da Hungria, em Budapeste. Realizou exposições dos seus trabalhos em diversas feiras nacionais e internacionais, publicou trabalhos e livros no Brasil, Itália, Grécia, Dinamarca, Hungria, França e Argentina. Boa parte da sua obra é baseada na literatura popular nordestina e no imaginário brasileiro. Jô desenha com nanquim, aquarela líquida e lápis de cor sobre papel fabriano e acredita que a leitura e o amor pelo desenho sejam requisitos primordiais para qualquer ilustrador.